A MESSIEURS

LES ÉLECTEURS

DE 1816.

PARIS,

Chez
C. F. PATRIS, impr.-libraire, rue de la
Colombe, n° 4, quai de la Cité;
DELAUNAY, PELICIER et PETIT, libraires au
Palais Royal.

21 Septembre 1816.

A MESSIEURS
LES ÉLECTEURS
DE 1816.

Messieurs,

Vous voilà une seconde fois réunis, plus tôt sans doute que vous ne l'aviez pensé, et dans des circonstances peut-être aussi graves, aussi difficiles que celles qui accompagnèrent votre première réunion. Alors l'Etranger était au milieu de nous, et les licences inévitables qui suivent la victoire, donnaient à la France, que les alliés le son Roi avaient de nouveau sauvée, les tristes apparences d'un pays conquis par des ennemis impitoyables. Aujourd'hui un ennemi intérieur et caché lui déclare une véritable guerre, une guerre d'autant plus dangereuse, que, manœuvrant dans les ténèbres, il dissimule ses manœuvres sous les apparences fallacieuses d'un zèle ardent pour le prince et pour l'Etat.

Ce prince, que le ciel nous a rendu, sans cesse occupé du bonheur de ses sujets, dans cette sollicitude noblement ombrageuse , qui trouble son repos pour assûrer le nôtre , a cru devoir révoquer quelques concessions que d'abord , lorsqu'il revint au milieu de nous , il avait jugé des concessions utiles. La charte qu'il nous a donnée , base du droit public et loi fondamentale de la France , lui semble , sinon menacée dans son existence , du moins en danger de perdre quelque chose de cette vénération générale , qu'il est si important de lui concilier ; si on la livre trop tôt à la chaleur souvent indiscrète des discussions. Il veut donc le premier donner l'exemple du respect qu'il commande à tous pour ce contrat auguste , en rentrant dans les formes rigoureuses que lui-même avoit d'abord permis de franchir. La charte fixe un certain nombre de députés , un certain âge pour être élu ; et ces conditions , qu'il s'agit de rétablir , ne peuvent l'être que par la convocation d'une chambre nouvelle. Dans l'ordonnance qui dissout la dernière chambre , le monarque déclare positivement qu'il est dirigé par cette seule considération ; il ne laisse pas même soupçonner qu'il en existe une autre , et jamais les motifs d'une volonté royale ne nous furent plus clairement expliqués.

Cependant à peine cette ordonnance est-elle rendue , que le cri d'une joie insolente se fait entendre de toutes parts. Un parti, qui déguisait mal son effroi, il y a peu de jours , triomphe aujourd'hui de cette décision du souverain ; ses déclamations sont avidement recueillies dans ces feuilles , tour à tour funestes et salutaires, qui font circuler, presque indifféremment , dans la France entière , l'erreur et la vérité ; dans ces feuilles , qui , cependant, par un système bien étrange sans doute , et dont on pourra quelque jour demander compte, rejètent obstinément , au milieu des circonstances les plus décisives, toutes les réclamations qu'on peut leur présenter , contre tant de mensonges *libéraux* et de sophismes révolutionnaires.

La France est sauvée , s'écrie l'un de ces impudents journaux , et ce refrain bannal , également adopté par les brigands de la convention et par les satellites de Buonaparte , sort peut-être ici , sous le régne de Louis XVIII , d'une bouche qui l'a mille fois prononcé sous celui de Robespierre (1).

» Il y a de l'exagération dans cette manière

(1) On disait alors : La *patrie* est sauvée.

» de s'exprimer , répond hypocritement un
de ces vils écrivains dont la plume aux gages
de la police littéraire, salit impunément certains
journaux , par cela même qu'ils sont les meil-
leurs et les plus répandus, mais on ne peut dis-
» convenir que de fâcheux dissentiments ne
» se soient élevés entre la chambre et les mi-
» nistres , sur des questions importantes et
» délicates ; il existait des préventions fâ-
» cheuses ; les passions étaient aigries de part
» et d'autre ; l'ordre public pouvait être
» compromis par des *discussions* de tribune ;
» d'ailleurs les ennemis de la monarchie légi-
» time ont soutenu que les choix de l'année
» dernière n'avaient pas été *libres* , ayant été
» *imposés* au milieu du bruit des armées
» étrangères ; c'est une calomnie *exécrable*
» sans doute ; toutefois d'autres députés ,
» choisis par la France *libre et tranquille* ,
» seront plus *modérés ;* ils feront entendre
» des *acclamations* qui imposeront à la mal-
» veillance (1). »

---

(1) Résumons ce beau discours : « C'est une *calomnie*
» *exécrable* de dire que ces députés , qui se sont per-
» mis de *discuter* à la tribune, n'ont pas été *librement*
» *élus ;* toutefois la France *libre et tranquille* , élira

Un troisième, moins forcené que le premier, plus hardi que le second, assure que
« par cette ordonnance, la charte est replacée
» sur ses bases; que la confiance, attaquée
» dans sa source, va renaître pour la prospérité publique et particulière; qu'avant ce
» nouveau bienfait du Roi, la propriété était
» menacée, le crédit public éteint ; enfin,
» que ceux qui méconnaîtraient les effets salutaires de cette ordonnance, par cela même
» rendraient leurs sentiments *suspects* aux yeux
» de *la nation* (1). »

De quels hommes se composait donc cette chambre séditieuse, ennemie de l'ordre et de la propriété, fléau du crédit public et des lois fondamentales de l'Etat? On y a vu sans doute reparaître l'élite de ces hommes vils et affreux qui, pendant vingt-cinq ans, ont désolé notre malheureuse patrie! L'impiété philosophique, le démagogisme effronté,

---

» d'autres députés, qui imposeront à la malveillance par
» des *acclamations.* » (Style de l'école de Buonaparte.)

(1) « Les *suspects* et la *nation.* » (Style de l'école de 93.) [*]

[*] *Voyez* le *Journal* général du 9 septembre, et le Journal des *Débats* du 10 du même mois.

la flatterie dans ce qu'elle a de plus vil, la cupidité dans toutes ses bassesses, la perfidie sous toutes les formes, enfin toutes les horreurs dont nos assemblées politiques ont si long-temps fatigué le ciel et la terre, se trouvaient sans doute réunis dans cette chambre coupable ! Non, Messieurs, la France, l'Europe entière le savent, et personne ne le sait mieux que vous, la majorité de cette chambre était composée de riches propriétaires, de magistrats intègres, d'illustres exilés, d'honorables victimes de la tyrannie. Les plus grands noms de la France y paraissaient à côté de quelques noms que les talens et la science ont rendus célèbres; des noms jusqu'alors inconnus, y acquéraient alors la plus noble célébrité. Cette majorité qui avait été inviolablement fidèle, était par cela même éminemment religieuse ; dévouée de tout temps à la monarchie, mais à la monarchie légitime, elle s'efforçait de ranimer dans tous les cœurs le souvenir de ces antiques traditions, l'amour de ces institutions salutaires qui en furent si long-temps l'inébranlable appui ; et réconciliant ainsi, autant qu'il était en elle, Dieu avec les hommes, essayait de replacer l'autel auprès du trône, le trône n'étant tombé que parce qu'on avait renversé l'autel. Pour la première fois depuis le commencement de nos calamités, les mots de justice, d'honneur, de morale, de religion, prononcés du haut de la tribune publique, le furent dans leur véritable sens. Persuadée qu'elle ne pouvait sans danger détruire la révolution dans un grand nombre de ses plus tristes effets, elle l'attaquait sans relâche dans tous ses principes ; et dans cette lutte, où les fauteurs de ces principes odieux ont si honteusement laissé voir quelle était leur faiblesse quand leurs paradoxes n'étaient pas soutenus par la violence, elle avait obtenu tout ce qu'il était possible de désirer pour le présent, tout ce que l'on pouvait espérer pour l'avenir. Témoin et approbateur de tant d'efforts généreux, touché d'un dévouement si rare, étonné de tant de vertus publiques qui lui rappelaient les tems où ses ancêtres avaient le plus glorieusement et le plus heureusement régné, c'est alors que le fils de Saint-Louis s'est écrié dans l'effusion d'une joie véritable : « Qui l'eût dit, que la France pos- » sédât encore de pareils hommes ; et qu'il » était possible de trouver dans son sein

» une assemblée qui *semblait devoir être*
» *introuvable !* » Paroles mémorables sorties
du fond d'une âme vraiment royale, paroles
qui furent pour ces sujets fidèles la plus
douce récompense de leurs travaux, qui
vivront à jamais pour leur gloire dans la pos-
térité, et après lesquelles doit cesser toute
apologie.

Ainsi vous est tracée, Messieurs, par le
monarque lui-même, la marche que vous
avez à suivre ; ainsi les déclamations insul-
tantes et mensongères d'un reste de factieux
vous indiquent non moins sûrement celle
que vous devez éviter. De sinistres espé-
rances les ont tout à coup ranimés ; incor-
rigibles jusqu'à la fin, parce qu'ils ne peuvent croire au pardon de tant de crimes
qu'eux-mêmes jugent impardonnables, c'est
dans un horrible avenir qu'ils cherchent les
seules garanties d'un passé à jamais exécrable. Ils vont reparaître au milieu de
vous, poussés par toutes les viles passions
qui les dévorent. Souples, audacieux, hy-
pocrites, menteurs, vieillis dans les ruses
du machiavélisme le plus noir, ils sauront
à propos semer les allarmes, répandre les
séductions ; ils s'adresseront à l'orgueil, à

l'ambition, à l'intérêt, à tout ce qu'il y a
de honteux dans le cœur humain; rien ne
leur coûtera pour ressaisir une portion de
ce pouvoir qu'ils ont perdu, et dont la perte
leur est insupportable. Il s'agit ici de tout
pour eux; mais il s'agit aussi de tout pour
la France, et vous saurez remplir avec honneur, avec conscience, la mission importante
qui vous est confiée. Que des esprits flétris
par toutes les corruptions de notre âge,
continuent de voir l'État tout entier dans le
mécanisme purement matériel d'une admi-
nistration vicieuse en elle-même, et qui, par
ses complications infinies, achèverait seule
notre ruine, si l'on ne travaillait prompte-
ment à la réformer, vous réglerez votre con-
duite, Messieurs, sur des considérations d'un
ordre plus élevé; vous reconnaîtrez, avec
tout ce qu'il y a en France d'esprits justes et
éclairés, que c'est par *les mœurs* que nous
périssons; que la morale qui partout supplée
à l'insuffisance des lois humaines, étant la
seule garantie du bonheur et de la stabilité
des nations, la religion est en même temps
le seul fondement solide de la morale; et
sans aller chercher dans presque toutes les
pages de l'histoire les preuves éclatantes de

ces grandes vérités, il vous suffira de notre révolution, la plus instructive sans doute et la plus terrible des histoires, pour en acquérir l'inébranlable conviction.

Les ravages de l'impiété deviènent de jour en jour parmi nous plus affreux et plus irrémédiables ; tous les préjugés utiles sont détruits ; toutes les traditions sont éteintes ; tous les liens de la subordination sont rompus; les affections même de la nature ont perdu leur puissance ; le mal gagne les dernières classes de la société, et nos villages les plus obscurs fatiguent aujourd'hui les tribunaux de crimes à peine connus autrefois dans la fange de nos capitales.

Il faut des guides habiles sans doute pour nous tirer de ces abîmes ; mais leur habileté tournerait à notre confusion, s'ils n'avaient la probité, mille fois plus précieuse encore que toute espèce de savoir. La probité est une première condition, une condition absolue ; et cette opinion inouie qu'*il n'y a que les pervers qui puissent être habiles,* si insolemment établie depuis la restauration, a reçu dans la dernière session un démenti trop éclatant pour qu'elle puisse exciter parmi vous d'autres séntiments que ceux de l'indignation et du mépris. On a osé tenter d'alarmer les propriétaires : qui ne sait que la révolution ne fut qu'une violation continuelle du droit sacré de la propriété ; qu'elle n'a pu se soutenir que par cette violation, qu'elle ne pourrait continuer son cours qu'en le violant encore ? Ainsi les vrais intérêts viènent ici fortifier les vrais principes, et concourent avec eux pour repousser du sanctuaire des lois tous ceux qui tiènent à cette révolution par leurs principes et par leurs intérêts. Le passé n'est plus à nous, Messieurs, et nous avons tous consenti à l'oublier ; mais l'avenir tout entier nous appartient. Ce n'est pas en nous remettant de nouveau entre les mains des révolutionnaires que nous arrèterons ce débordement de corruption qu'eux seuls ont excité ; que nous rétablirons les institutions saintes qu'eux seuls ont détruites ; que, par la répression des crimes et la réformation des mœurs, nous parviendrons à nous replacer enfin au rang des nations civilisées. L'honneur, qui repousse tout ce qui est injuste et bas; la religion, qui commande tous les sacrifices, voilà désormais (et l'on ne saurait trop le répéter) ce qui peut uniquement nous sauver; et vous tenez en quelque sorte dans vos mains les destinées de la France, vous à qui a été accordé le pouvoir d'envoyer aux conseils suprêmes du prince, des bons ou des méchants. Les méchants, vous les avez, comme nous, en exécration. Parmi les bons, qui pourrait l'emporter sur ceux que vous avez déjà su si bien choisir, dont une année de travaux a doublé les lumières et l'expérience ; qui ont déjà l'habitude de la discussion ; que l'on a vus pour la première fois, véritables mandataires du peuple, concilier dans la grande question des impôts les intérêts du prince, ceux des sujets, les intérêts plus puissants encore de la morale publique ; qui tiènent dans leurs mains tous les fils des intrigues antiroyalistes, et possèdent tout ce qu'il faut de ressources et de courage pour les déjouer ? Prouvez donc à l'Europe entière, dont les regards ne nous quittent pas un seul instant, que les vrais Français ne furent pas les complices de tant d'horreurs qui ont troublé son repos et compromis son existence ; songez que l'infamie d'une rechute retomberoit d'abord sur vous qui en auriez été les premiers et les plus coupables auteurs ; ayez sans cesse devant les yeux, en donnant vos suffrages, cette pensée à la fois terrible et salutaire, qu'*il faut que la révolution finisse ou que nous finissions par elle.* Que, grâce à vos soins vigilants et scrupuleux, un monarque, véritablement père de ses sujets, retrouve cette assemblée qu'il avait jugée *introuvable;* cette assemblée qui seule peut achever ce qu'elle a si heureusement commencé; et que, dans cette salle honorée à jamais par la dernière session, les mêmes bouches fassent retentir de nouveau le cri sacré, le cri de salut et de ralliement : DIEU ET LE ROI!

DE L'IMPRIMERIE DE C. F. PATRIS,
RUE DE LA COLOMBE, N° 4, QUAI DE LA CITÉ.